AF331685

COMPTE RENDU

DES SOUSCRIPTIONS

RECUEILLIES PAR LES SOUSSIGNÉS

POUR ÉLEVER UNE PIERRE SÉPULCRALE

ET

FONDER UN MONUMENT VIVANT

A LA MÉMOIRE

DE FEU

Mr J. F. OBERLIN,

DÉCÉDÉ PASTEUR A WALDBACH, BAN-DE-LA-ROCHE,

LE I. JUIN 1826.

***

Les amis de feu Mr Oberlin, qui se sont occupés, lors de son décès, à ouvrir des souscriptions en l'honneur de sa mémoire, éprouvent le besoin de rendre compte à Messieurs les souscripteurs de l'emploi des fonds recueillis, et de les consulter sur la destination à donner à ceux dont ils restent dépositaires.

Ces souscriptions ont eû pour objet deux monumens différens, savoir une pierre sépulcrale à poser dans l'église de Waldbach, pour rappeler à la postérité les mérites du pasteur-patriarche, qui pendant cinquante-neuf ans a prêché l'évangile dans ces contrées et constater les regrets que sa perte a causé à tous les habitans; puis une fondation de charité commune à toutes les habitations du Ban-de-la-Roche, tendant à continuer l'ouvrage du défunt, en répandant le bien après sa mort, et en perpétuant, parmi les générations les plus reculées, les effets salutaires de sa sagesse, de sa philantropie, de sa constante sollicitude pour la propagation de toutes les vertus sociales et domestiques.

Le premier de ces monumens est posé. Le portrait très-ressemblant du défunt, exécuté en marbre blanc, par Ohmacht, et incrusté dans une table de marbre noir, forme l'ornement

1

principal de l'église de Waldbach. Il porte cette inscription simple et touchante :

A JEAN FRÉDÉRIC OBERLIN,

PASTEUR ET PÈRE DE CETTE PAROISSE

PENDANT LIX ANS.

NÉ EN MDCCXL; DÉCÉDÉ EN MDCCCXXVI.

LA MÉMOIRE DU JUSTE SERA EN BÉNÉDICTION.

PROVERBES X, 7.

L'inauguration de ce monument a eu lieu le jour anniversaire du décès d'Oberlin, en présence de la population entière du Ban-de-la-Roche, accourue pour rendre le dernier hommage de reconnaissance, d'admiration et de respect à la mémoire de son bienfaiteur. Nous nous empressons de publier la liste des souscripteurs à ce monument et l'état des dépenses auxquelles il a donné lieu :

SOUSCRIPTIONS

POUR

LA PIERRE SÉPULCRALE.

PAROISSE DE WALDBACH.

	fr.	c.
Souscriptions recueillies dans les communes de Waldbach, Belmont, la Hutte et Pendbois, Bellefosse, Zollbach, Fouday et Trouchi	291.	80
Souscription du Hohwald	18.	25

Souscription ouverte

chez MM. Frères Legrand, à Fouday,

	fr.	c.
Un anonyme, par M. Joseph Bohy	20	—
M.ʳ Ehrmann, de Strasbourg	4	—
„ Ehrmann, contrôleur des contributions directes à Strasbourg	5	—
MM. Frères Legrand	300	—
M.ʳ Lung, J. D. de Strasbourg	5	—
„ Masson, substitut du procureur du Roi à Nancy . . .	10	—
Mad.ᵉ Rausch, de Strasbourg	3	—
Transport . . fr.	657.	5

(3)

	fr.	c.
Transport . .	657.	5
M.^r Rœderer, directeur de la filature de Poutai . . .	20	—
Mad.^e Schæffer, de Strasbourg	3	—
Mr Wiedemann, J. F., à Rothau	5	—
Total . .	fr. 685.	5

PAROISSE DE ROTHAU.

Souscription ouverte
chez Mr GROSHENS, à Rothau.

	fr.	c.
Anonymes	4	—
M. Claude, F.	1	—
„ Claude, H.	3	—
„ Florent, S.	1	50
„ Garnière, J. L.	3	—
„ Groshens, F.	1	—
„ Groshens, Th.	2	—
„ Jacquel, F.	2	—
„ Klein, S.	1	—
„ Lavoyer, C.	1	50
„ Lavoyer, J.	1	50
„ Morel, D.	1	—
Mad.^e Pramberger	100	—
Mr Thormann, F.	1	—
„ Virth, R.	—	75
„ Wiedemann, F.	15	—

Chez Mr AHNNE, régent à Neuvillers.

	fr.	c.
Divers à Neuwiller, Wildersbach et Haute-Côte. . . .	21	40
Total . .	fr. 166.	65

FRAMONT ET SCHIRMECK.

Souscription ouverte
chez Mr BEDEL, docteur en médecine à Schirmeck.

	fr.	c.
Deux anonymes	10	—
Id. id.	5	—
Mr Bedel, C., médecin	10	—
„ Binger, ...	5	—
Transport . . .	fr. 30	—

		fr.	c.
Transport . . .		3o	—
M. Champy père, à Framont		100	—
„ Champy fils, *ibidem*		100	—
„ Heywood, G., à Schirmeck		10	—
„ Heywood, H. *ibidem*.		10	—
„ Heywood père, *ibidem*		100	—
„ Laurent F., employé des forges		5	—
„ Malabert fils, à Schirmeck		10	—
„ Maritz, à Framont		5o	—
„ Seiler, J., Caissier de la filature à Schirmeck . . .		10	—
„ Thiebaut, à Schirmeck		5	—
„ Wolff, A., directeur des forges		20	—
Total . . fr.		45o	—

STRASBOURG.
Souscription ouverte
chez Mr Heitz, imprimeur.

		fr.	c.
Ami, un, ...		1	50
Anonymes, trois		1	50
— un		1	—
— un		2	—
— un . . . . / . .		2	—
— un		—	5o
— deux		1	—
— un		1	—
— un (N)		—	5o
— un (O)		—	5o
— un (P)		—	5o
— cinq		2	50
Mr Artzner		1	—
„ Berg, professeur de musique		15	—
„ Caspari, pasteur à Allenweiler		2	—
„ Cunier		5	—
„ Dietzel, employé		1	—
„ Ehrhard, à Schiltigheim		2	—
„ Ehmann, pasteur à Gerstheim		3	—
„ de Golbéry, Conseiller à la cour royale à Colmar .		5	—
„ Graf, H., négociant à Mülhouse		5	—
Transport . . . fr.		53	5o

	fr.	c.
Transport	53	50
M. Hartmann , C. F.,	—	75
„ Heri ,	5	—
„ Karth aîné	3	—
„ Klimrath, étudiant en droit	—	50
„ Kopp, pasteur	3	—
„ Laguermitte, étudiant en droit	—	50
„ Lambs, instituteur	2	—
„ Lauth, archiviste de la Préfecture	2	—
„ Lindner,	1	—
„ Maeder, pasteur	5	—
„ Maehn, candidat en théologie	2	—
Mad.ᵉ Massenet, veuve	2	—
M.ʳ Rhein, à Schiltigheim.	1	—
„ Rhein, *ibidem*	1	—
„ Stotz, entrepreneur.	10	—
„ Tourrette, chef de bureau à la Préfecture	10	—
„ Wetzel, instituteur à Barr	2	—
„ Wild, fabricant de papier à Niederbronn	2	—
„ Wolff, notaire à Oberbronn	1	—
Total.	fr. 107	25

Chez M. HERRENSCHNEIDER, professeur.

	fr.	c.
Ami, un, de collége du défunt	200	—
Amie, une, anonyme	3	—
Amies, deux, anonymes	3	—
M.ʳ Ammel, négociant	10	—
Anonyme, un, à Strasbourg	—	60
— une	1	—
— cinq, à Rothau	5	—
M.ʳ Arnold, architecte	5	—
Mad.ᵉ Arnold, née Schlenacker	5	—
M.ʳ Aufschlager fils, ministre	3	—
„ Blanc, A., commis-libraire à Paris	3	—
„ Blanck, architecte	10	—
Mad.ᵉ Blessig, veuve	5	—
M.ʳ Boeckel, pasteur à l'église de Saint-Thomas	5	—
„ Boegner, régent au Gymnase	3	—
Transport	fr. 261	60

		fr.	c.
Transport		261	60
M.ʳ Brunner, régent retiré du Gymnase		5	—
„ Burckhardt, agent de change		5	—
„ Burger, propriétaire		10	—
„ Dahler, docteur et professeur,		5	—
„ Ehrlen, Louis, négociant à Colmar		25	—
Mesd.ᵉˢ Ehrlen, sœur et belle-sœur du précédent à Colmar		10	—
M.ʳ Ehrmann, professeur		5	80
M.ˡˡᵉ Fischer, Marie, servante		2	—
M.ʳ Fritz, D.ʳ et Prof.		5	—
Mad.ᵉ Fritz, veuve, née Ziegenhagen.		5	—
„ Geiler.		2	—
M.ʳ Gilet, ancien maître de langue, âgé de 86 ans		2	—
„ Goguel, régent au Gymnase		3	—
„ Gutmann, sacristain		10	—
„ Haffner, D.ʳ et Prof.		15	—
„ Hammer, Professeur		10	—
„ Heisch, P. négociant à Londres		6	—
„ Helmsdorff, peintre		5	—
Mad.ᵉ Herrenschmidt		10	—
M.ʳ Herrenschneider, licencié.		10	—
„ Herrenschneider, Prof.		20	—
„ Hessel, pasteur		5	—
„ Himly, régent au Gymnase.		10	—
„ Kamm, négociant		3	—
„ Kammerer, libraire		5	—
M.ʳ Keller, pasteur à Mietersholz		5	—
„ Klauhold, avocat		10	—
Mad.ᵉ veuve Kob, née Hermann		20	—
„ Kœbelé, Marg.		3	—
M.ʳ Kolb, C. marchand de vin		3	—
Mad.ᵉ veuve Krafft, de Rothau		3	—
M.ʳ Kramp, négociant		3	—
„ Kurtz, pasteur à Lingolsheim.		8	—
„ Lachenmeyer, Prof.		8	—
„ Merlin, P. officier, d'artillerie à Bruyères.		10	—
„ Meyer, étudiant en théologie à Montbeillard		3	—
„ Müller, négociant		5	—
„ Müller, pasteur.		5	—
Transport		fr. 541	40

	fr.	c.
Transport	541	.40
M.ʳ Ohmacht, statuaire	10	—
Mad.ᵉ veuve Pfeffinger	5	—
„ veuve Plarr	5	—
M.ʳ Redslob , D.ʳ et Prof.	5	—
„ Reisseissen , docteur en médecine	20	—
„ Rieder, pasteur	10	—
„ Rœderer, T. G. E., commis-libraire	3	—
„ Roth, négociant	5	—
„ Saum , L., négociant	5	—
Mad.ᵉ Schwartz, aubergiste	15	—
M.ʳ Schweighæuser père , Prof.	15	—
„ Schweighæusser fils, Prof.	5	—
„ Schweighæuser, G., régent au Gymnase	3	—
„ Stuber, architecte	15	—
„ Stuber fils , architecte	5	—
M.ˡˡᵉ Stuber, Charité	10	—
M.ʳ Thueffard , étudiant en théologie à Montbeillard . .	3	—
de Türckheim , la famille	40	—
M.ʳ Weber, pasteur à Wolfisheim	3	—
„ Weber fils , receveur-général des hospices civils . .	5	—
Mad.ᵉ Wicon, née Stœckel, à Wasselonne	10	—
Total . . fr.	738	.40

Chez M. JUNG, professeur.

	fr.	c.
M.ʳ Arnold, Prof.	3	—
„ Berger, F.	3	—
„ Blœchel, Prof.	3	—
„ Bœckel , pasteur à l'église de Saint-Pierre-le-Vieux . .	3	—
„ Braun, lieutenant-colonel	3	—
„ Breu, propriétaire	3	—
„ Cuvier, professeur	3	—
„ Ehrmann , J. J.	3	—
„ Eissen, licencié	3	—
„ Engelhardt, F.	3	—
„ Engelhardt, F. à Zinsweiler.	3	—
„ Eschenauer père.	3	—
„ Gerhardt	3	—
Transport . . . fr.	39	—

	fr.	c.
Transport . .	39	—
M.ʳ Hartung, docteur en médecine	3	—
„ Hepp, Prof.	3	—
„ Herrmann, pasteur à Hœrdt, ...	3	—
„ Jung, Prof.	3	—
„ Isenheim, propriétaire	3	—
„ Kampmann, receveur	3	—
„ Læmmermann, avocat	3	—
„ Lamp, régent au Gymnase	5	—
„ Lauth, juge de paix	3	—
„ Mosseder, préposé en chef de la salle d'entrepôt . .	3	—
„ Renouard de Bussières, L., étud.	3	—
„ Richard, Prof.	3	—
„ Schneiter, docteur en médecine	3	—
„ Schöttel, négociant	3	—
„ Schreider, notaire	3	—
„ Schwing	3	—
„ Spach	3	—
„ Steinheil père	3	—
„ Willm, Prof.	3	—
Total . . fr.	98	—

Chez M. KRAFFT, préposé au Séminaire protestant.

	fr.	c.
Mad.ᵉ Becker	1	50
M.ʳ Doldé	5	—
„ Fuchs, pasteur à Bischheim	2	75
„ Hosemann, étudiant	5	—
„ Jæger, pasteur	5	—
„ Krafft	5	—
„ Kieffer, étudiant	1	—
„ Lichtenberger, coutelier	5	—
Pensionnat de St.-Guillaume	10	—
M.ʳ Pfauth, marchand de cuirs	5	—
Mˡˡᵉ Rieff en deux fois	3	—
M.ʳ Sellmann, négociant à Epinal	2	—
Total . . fr.	50	25

Chez Mr *Schuler*, imprimeur.

	fr.	c.
MM. Boumsel frères, négociants	5	—
Mr Dierstein, menuisier	2	—
„ Fritsch, journalier	1	—
Mad.^e Fritz, veuve	5	—
M. Imler, tanneur à Wasselonne	—	75
„ Schuler, imprimeur	5	—
„ Schuler, pasteur	5	—
Mad.^e Stamm, V.^e marchande de cuirs	2	—
Total	25	75

Chez Mad.^e Ve *Silbermann*, imprimeur.

	fr.	c.
Anonyme, un	—	60
Mr Anstett, G.	5	—
Mlle Barthel, S.	1	—
Mr Baumgardt	1	—
„ Baudrié	1	—
„ Bellay	1	50
„ Brenner	6	—
„ Diss, J. A.	5	—
„ Dollinger	6	—
Mlle Dorn, H.	2	—
Mr Eberhardt à Blæsheim	2	—
Mlle Ficht, M.	2	—
Mr Freiss à Bischheim	1	50
„ Hartmann à Barr	2	—
„ Hertzog, receveur du timbre	5	—
„ Holtzapfel	5	—
„ Matter, D.^r et Prof.	5	—
Mad.^e Pramberger, veuve	10	—
Mr Reichhardt, F., propriétaire	6	—
„ Rieff à la Robertsau	3	—
„ Rœderer, officier retiré	3	—
„ Romer, propriétaire	5	—
Mad.^e Saltzmann, veuve	5	—
Mlle Schœllhammer, S.	1	—
„ Scholl, F.	1	—
„ Scholl, S.	2	—
Transport	fr.	87.60

	fr.	c.
Transport	87	60
M.ʳ Schott	3	—
Mad.ᵉ Schuré, veuve	10	—
,, Silbermann, veuve	5	—
M.ʳ Silbermann, G., ...	3	—
Mᴵˡᵉ Wolff, M.	2	—
Total . fr.	110	60

DÉPENSES.

	fr.	c.
Payé à M.ʳ Ohmacht pour le grand bas-relief en marbre . .	600	—
— à M.ʳ Kolb, architecte, pour le piédestal avec l'inscription, etc. . . . . : . . .	378	60
— au doreur de l'inscription	20	—
— au voiturier pour frais de transport de Strasbourg à Waldbach.	43	90
— pour poser le monument, au maçon, au charpentier et au peintre.	46	80
— à Mad.ᵉ veuve Silbermann, pour frais d'impression de 1000 exemplaires de la rélation des funérailles de feu M.ʳ J. F. Oberlin, distribués à ses paroissiens, à sa famille et à ses amis.	198	—
— à M.ʳ Ohmacht, pour 1200 bas-reliefs en plâtre, représentant le portrait du défunt.	300	—
Total des dépenses . .	1587	30

RÉCAPITULATION:
RECETTES.
Paroisse de Waldbach.

Dans les communes de Waldbach, Belmont, La-Hutte et Pendbois, Bellefosse, Zollbach, Fouday et Trouchy.	291.80
Au Hohwald	18.25
Chez MM. Legrand frères à Fouday . . .	375 —
	685.05

Paroisse de Rothau.

Chez M. Groshenz à Rothau	139.25
Chez M. Ahnne à Neuvillers	21 40
	160.65
Transport . . fr.	845.70

fr. c.

Transport . . 845.70

A Framont et Schirmeck.

Chez M. Bedel, docteur en médecine . . . . . . 450 —

A Strasbourg.

Chez M. Heitz, imprimeur. 107.25
Chez M. Herrenschneider, Prof. 738.40
Chez M. Jung Prof. . . . . 98 —
Chez M. Krafft, préposé au séminaire . . . 50.25
Chez M. Schuler, imprimeur 25.75
Chez Mad.ᵉ Silbermann, veuve, imprimeur . 110.60

1130.25

Total de la recette . . fr. 2425.95

DÉPENSES.

Suivant la spécification ci-dessus . . 1587.30

Déduction faite des dépenses, il reste disponible . fr. 838.65

Il nous reste à faire connaître la situation de l'autre souscription, ouverte pour la fondation d'un monument de charité sous le nom d'OBERLIN.

Les opinions ont longtems flotté incertaines sur le choix de l'emploi de ces fonds, pour en tirer le plus d'utilité possible pour le pays. — L'exemple de notre défunt ami, dont la charité a constamment préféré l'utile au brillant, et l'avis des habitans les mieux avisés du Ban-de-la-Roche, qui ont dirigé presqu'unanimement leurs vues sur cette admirable institution dite *des conductrices*, a fixé notre opinion. C'est au perfectionnement de cette institution, conçue d'abord par feu M. Stuber, organisée et mise en activité par Oberlin, que nous proposons de consacrer les fonds recueillis et à recueillir encore ; car c'est à elle, que sont dûs en grande partie cet amour de l'ordre et du travail, ces sentimens de fraternité et de piété filiale, cet esprit religieux enfin, qui distinguent la génération actuelle dans cette intéressante contrée. Nous pensons en conséquence qu'aucun autre monument ne pourra être plus digne de porter le nom de ce généreux ami de l'humanité, que l'institution perfectionnée et plus étendue *des Conductrices*, objet de sa prédilection, dont nous allons donner une ésquisse succincte.

Dans chacun des cinq villages et des trois hameaux confiés

à ses soins paternels, sa vigilance studieuse s'est plû à former une institutrice d'un âge mûr, qui sous le nom de *Conductrice* se charge d'assembler une fois par semaine pendant trois ou quatre heures, les enfans des deux sexes jusqu'à sept ans, pour les habituer au travail dès les plus tendres années. Ces conductrices instruites d'abord dans les connaissances et les arts les plus utiles, par le pasteur lui-même et par sa digne épouse, enseignent à leur tour aux enfans une occupation conforme aux moyens et aux forces de chacun d'eux. Les plus agés des garçons apprennent à carder la laine et le coton; les filles à filer, à coudre, à tricoter; les plus jeunes enfans même sont occupés à éplucher le coton. Pendant les heures du travail la conductrice leur raconte et explique de petites histoires de la bible et autres d'une morale touchante et à la portée de leur entendement; elle en tire des motifs pour appeler leur attention sur les bienfaits de la providence, sur l'ordre et l'harmonie qui règnent dans la nature, sur la tendresse de leurs parens et le respect dû aux auteurs de leurs jours. Elle leur fait apprendre par cœur des couplets spirituels, qu'elle les fait chanter; elle leur fait distinguer les plantes dangereuses du pays et leur enseigne mille autres objets propres à frapper ces jeunes esprits et à s'y graver pour l'avenir.

Ainsi les premiers germes de l'amour et de la crainte de Dieu et les semences de toutes les vertus jetés dans le cœur de ces enfans dès l'âge le plus tendre, ne peuvent manquer d'y pousser des racines, que les vicissitudes et les orages de la vie humaine parviendront difficilement à en arracher.

Les enfans loin de s'ennuyer dans ces assemblées, s'y plaisent en écoutant avec intérêt des histoires qui parlent à leurs cœurs; ils comptent les jours pour s'y rendre, et se réjouissent par avance de cette réunion. Par-là ils sont préparés à l'enseignement de l'école, dans laquelle on les admet à l'âge de sept ans. Bien éloignés de la turbulence d'une jeunesse distraite, ils y arrivent l'air posé et calme, suivent avec attention les leçons de leurs instituteurs et profitent à merveille de l'instruction qu'ils y reçoivent. Les jeunes filles dont l'âge est plus avancé, s'empressent de seconder les conductrices dans l'enseignement des travaux de leur sexe; c'est ainsi que cette institution, simple dans son origine, fait naître et fortifie les rapports d'amitié, de bienveillance, de satisfaction réciproque, parmi les habitans de la commune.

(13)

Cependant un grand inconvénient est attaché au mode de distribution de cet enseignement. Les conductrices pauvres, obligées elles-mêmes de gagner leur subsistance par le travail des mains, ne peuvent donner leur tems qu'une fois par semaine à cette besogne. Dans l'intervalle d'une réunion à l'autre, la légèreté du jeune âge fait qu'une partie des impressions recueillies à l'entrevue précédente, s'affaiblit ou s'efface. Cependant l'instruction a opéré insensiblement des progrès marqués. Que serait-ce si on pouvait parvenir à la répéter cinq ou six fois par semaine, sauf à en varier ou graduer les exercices pour éviter la monotonie ?

L'exiguité des moyens pécuniaires du pasteur Oberlin ne lui a pas permis de donner à cet enseignement plus d'extention et d'atteindre à ce perfectionnement, objet de tous ses vœux et de sa constante sollicitude. Tachons d'arriver à ce but après lui et de couronner dignement son œuvre, en accomplissant ses vues sages, dictées par une longue expérience et par sa connaissance profonde des besoins de l'humanité.

Un traitement annuel de 100 fr. pour chacune des conductrices permettrait de réunir les enfans presque tous les jours de la semaine. Ne devons nous pas espérer d'obtenir des fonds suffisans pour couvrir cette dépense ? — La somme capitale recueillie jusqu'ici pour ce monument s'élève à . 5515 fr. 60 c.
En y ajoutant l'excédent de celle recueillie pour
la pierre sépulcrale montant à . . . . 838 „ 65 „

Le total disponible s'élevera à . . . . . 6354 fr. 25 c.

qui, placé sur bonne et sure hypothèque à 5 p.^{r} % d'intérêts, offre déjà une rente annuelle de plus de 300 fr. — Encore un effort pour doubler cette rente et nos vœux seront remplis ! —

Alors le Ban de la Roche présentera le modèle d'une institution simple, villageoise et de première utilité pour la vie morale et le bien-être de ses habitans. Cet exemple ne sera pas perdu pour les communes voisines ; il sera imité, et au prix d'un léger sacrifice, peu sensible pour chacun des coopérateurs, nous aurons la gloire d'avoir achevé l'œuvre de l'excellent pasteur que nous regrettons, et d'élever à sa mémoire un monument toujours vivant, qui, portant le nom de son fondateur, de l'immortel Oberlin, honorera dans la postérité la plus reculée une philantropie vraiment éclairée et paternelle, dont elle ne cessera de recueillir les bienfaits.

Telles sont les vues, que nous avons l'honneur de soumettre aux lumières et à l'examen de MM. les souscripteurs, en les priant de concourrir à l'accomplissement de nos vœux. Nous recevrons avec reconnaissance toutes les observations, tous les avis qu'on voudra bien nous adresser, et nous espérons de nous voir alors en mesure d'inviter les souscripteurs à une réunion solennelle afin de discuter les statuts définitifs de la fondation. En attendant nous prions tous ceux auxquels la présente parviendra, de la communiqner à leurs amis et à leurs connaissances, en les engageant de prendre part à une œuvre de bienfaisance, moins brillante qu'utile, mais qui, en honorant et imitant l'homme de bien qu'ils pleurent, doit être chère à leurs cœurs et les honorer eux-mêmes.

Voici la liste des souscriptions recueillies jusqu'ici pour la fondation du monument vivant à la mémoire de feu M. Oberlin :

SOUSCRIPTIONS

POUR LA FONDATION

D'UN

MONUMENT DE CHARITÉ.

A BÂLE

Chez MM.ˢ Legrand-Heussler et Sain.

	fr.	c.
M.ʳ Bernard-Socin	11	40
„ de Champagnac, par M. Bernard Socin	40	—
„ Legrand-Heussler	41	60
„ Lotz, candidat en théologie	6	—
„ Morel, pasteur à Corchemont	6	—
„ Passavant, pasteur	17	10
„ Schnell, au Spahlenhoff	10	—
„ de Speier-Fischer	5	70
Mad.ᵉ Staehelin, veuve	60	—
M.ʳ Steinköpf, docteur, secrétaire de la société biblique britannique etc. de Londres	40	—
„ Stückelberger, docteur en médecine	5	—
Transport . . . fr.	242	80

fr. c.

Transport . . . 242.80

Chez Mr C. F. Spittler.

	Ecûs de Brabant.	Bz.
Anonyme, un	10	—
— une à Oberrieden	1	8
— un	1	6
— un	1	—
— un	—	5
— une servante	—	20
— deux dites	—	20
Mad.^e Baumann, E.	—	20
Mr Bolli, relieur	1	—
„ Christen	—	15
Mad.^e Fritschinn	—	20
Mr Hegi, militaire	—	5
„ Huber, pasteur à Bencken	1	—
Mad.^e Huber veuve et sœurs	2	—
Mr Münch, M.	1	—
„ Otto	—	4
Société allemande de Bàle	12	—
Mr Steinegger, pasteur au Brantenberg . . .	1	—
Mad.^e Stump, mère et fille, de Richen, . . .	—	30
Mr Thurneissen, pasteur	1	—
„ Uebelin, pasteur	—	20
Mad.^e Wollet	1	—

Total . . . 37.13

Évalués à 5 fr. 70 c. pour un écû de Brabant . . . 212.85

Total . fr. 455.65

A COLMAR

Par le vénérable Consistoire protestant . . . . . . fr. 157 —

A NISMES
Chez Mr Heimpel-Boissier.

Mad.^e Affourtit, A. à Nismes	5	—
„ Beaux-Desmons, *Ibidem*	6	—
Mr Cachard, pasteur, *ibidem*	2	—
„ Daudet, instituteur, de Vallon	—	75
„ Devillas-Amalry, à Nismes	5	—

Transport . . fr. 18.75

(16)

	fr.	c.
Transport	18.	75
„ Dussaud, membre du comité des missions de Vallon . .	1	—
„ Dupoux, A. marchand, de Vallon. . . . . ,	1	—
„ Eldin, membre du comité des missions de Vallon . .	1	—
„ Gardes, pasteur, à Nismes	5	—
M.ʳ Heimpel - Boissier	6	—
„ Hugon, membre du comité des missions de Vallon . .	1	—
„ Marichard fils, président de la société des missions de Vallon	6	—
„ Martin, membre du comité des missions de Vallon . .	—	50
Mad.ᵉ Mavit, née Sinard	23	55
M.ʳ Meynadier, pasteur, sécretaire de la société des missions de Vallon	3	—
„ Ollien, membre du comité, *idem*	3	—
„ Parlier ainé. de Montpellier, par M. le pasteur Lissignol	10	—
„ Péschaire président de la société biblique de Vallon . .	6	—
„ Plantier-Affourtit à Nismes	2	—
„ Puaux, docteur, trésorier de la société des missions à Vallon	20	—
„ Rolland-Lacoste, négociant à Nismes	10	—
„ Vidal, avocat à Montauban	5	—
„ Vincent, A., Prof. *Ibid.*	5	—
Total	127.	80

A PARIS

Chez MM. Treuttel et Würtz, rue de Bourbon N.° 17.

	fr.	c.
M.ʳ Pajot, greffier de la cour des comptes	20	—
„ Lenormant, imprimeur-libraire	10	—
Un ancien ami du défunt, octogénaire, (décédé depuis) . .	300	—
Une ancienne élève du défunt	1000	—
M.ʳ et Mad.ᵉ Würtz, née Treuttel	300	—
„ et Mad.ᵉ Jung, née Treuttel	50	—
„ Ph. Heisch, à Londres	126.	25
„ Fréd. Heisch, à Londres	126.	25
„ Nombel, à St.ᵉ-Livrade (Lot et Gard)	5	—
„ Servier, libraire	10	—
„ Hagermann, Jonas	100	—
Transport . . . fr.	2047.	50

		fr.	c.
	Transport	2047	50
M.' Bartholdi-Walter		50	—
» Bartholdi-Soehnée		60	—
» Goepp, pasteur		15	—
» Boissard, pasteur		15	—
» Lutteroth, fils		25	—
Mad.ᵉ la baronne Pelet		20	—
M.' Mallet, J.		20	—
La société de la morale chrétienne		200	—
M.' Jundt, de Strasbourg		5	—
» Vierling, J. C., de Lampertheim		5	—
» Monod, F.		5	—
» Gobert, par M.' Servier		10	—
» Le baron de Gérando		20	—
» Kieffer		25	—
» Letenneur		5	—
» Léo, F.		20	—
» Treitlinger		10	—
» Devillers, G.		10	—
Mad.ᵉ Brodhag		10	—
M.' J. F.		5	—
» Darblay, membre de la société royale et centrale d'griculture		10	—
» Jouy, membre de l'institut		50	—
» Jasles, un des rédacteurs de l'opinion de la Franace chrétienne, etc.		5	—
» de Türchkeim		20	—
Un anonyme, contre une rélation en anglais		5	—
Une dame anonyme, de Nantes, par M. Monod fils		30	—
M.' et Mad.ᵉ Comartin		15	—
» Pfeffel, à Francfort s. M., don personnel		150	—
» le même, collecte faite parmi les Alsaciens demeurant à Francfort s. M., en divers fractions		50	—
» Harlé de St.-Quentin		10	—
M.ˡˡᵉ Henrichs		30	—
M.' Bapst-Menières		100	—
Le même, de la part de ses fils		20	—
» Oppermann, C. G.		50	—
» Lutteroth, père		100	—
	Transport	fr. 3227	50

		fr.	c.
Transport		3227	50
M.ʳ Cléemann		20	—
„ Charles Albert, de Strasbourg.		20	—
Un anonyme		5	—
Une dame anonyme, (une auguste Princesse).		100	—
M.ʳ Monod, G.		5	—
„ de Castellane, à Nismes		20	—
„ Tiedmann, bourguemestre à Brême		6	—
„ Oberlin, employé à la bibliothèque du Roi		10	—
Le même de la part de Mad.ᵉ sa sœur		10	—
„ Ofarille, général		20	—
„ Michel, président du Consistoire à Montpellier		20	—
Mad.ᵉ Jacquet, . . . 20 fr. ⎫			
M.ˡˡᵉ Baup, . . . 10 — ⎬ par M.ʳ Baup, pasteur.		5o	—
M.ʳ Baup, . . . 20 — ⎭			
„ le Baron Chabaud-Latour, député.		20	—
„ le général, baron Dentzel, par M. le pasteur Boissard		1o	—
„ Colany, pasteur, produit d'une collecte faite dans ses églises, par M.ʳ Servier		23	—
„ André, P. G., Pasteur à Bourdeaux (Drôme) montant d'une collecte faite parmi les fidèles de son église		12	—
Mad.ᵉ Passavant, F. à Genève, par Mad.ᵉ S. Guers		1o	—
M.ʳ Wilks, par entremise de M.ʳ Servier		2	—
MM. Treuttel et Würtz, Treuttel fils et Richter, à Londres.		126	25
Mad.ᵉ Cox à Londres		52	5o
MM. Cox, Heisch et Comp.ᵉ à Londres, produit de la vente d'une brochure en anglais, concernant feu le pasteur Oberlin		2o6	9o
M.ʳ et Mad.ᵉ Catanio, propriétaire à Autun, par M.ʳ Kieffer		5	—
M.ʳ de Gerando, G. membre de la société de la morale chrétienne		15	—
„ Hasper, J. G.		1o	—
„ le Vicomte Déjean		1o	—
„ Bührel		1o	—
Mad.ᵉ André-Revet.		20	—
„ André-Walter		20	—
„ Desjares, curé à St. Leu-Taverny		1o	—
Le même, de la part de M.ʳ Salbrune		5	—
M.ˡˡᵉ Signard, par M.ʳ Servier		5	—
Total		fr. 4086	15

A STRASBOURG.

Chez MM. Treuttel et Würtz, rue des serruriers N.º 30.

	fr.	c.
Anonyme, un, à Strasbourg	20	—
— un *ibid.*	10	—
— un *ibid.*	15	—
— une de Buckebourg	5	—
M.ʳ Arnold, Prof.	5	—
„ Bley, serrurier	3	—
„ Bruch, Prof.	10	—
„ Brunner, pasteur	20	—
„ Burckhart, agent de change	15	—
M.ˡˡᵉ Cunier, E., à Bischwiller	5	—
M.ʳ Cuvier, pasteur à Nancy	5	—
„ Dreyfus, E., à Paris	10	—
„ Ehrmann, Ch..	15	—
Mad.ᵉ Ehrmann-Duprat	10	—
M.ʳ Ehrmann, F.	15	—
M.ʳ Fuchs, pasteu rà Bischheim	5	—
Eléve, une, du défunt, demeurante à Bischwiler	5	—
Mad.ᵉ Hatt à l'espérance	6	—
M.ʳ Hatt, L., à Strasbourg	5	—
„ Hepp, Prof.	10	—
„ Herrenschneider, Prof.	25	—
„ Jundt, négociant	5	—
„ Kammerer, libraire	20	—
„ Knoderer, R.	5	—
„ Kob, G. J.	15	—
„ Lauth père, avocat.	10	—
„ Lauth, C.	10	—
„ Lauth, F.	10	—
„ Lauth, négociant	10	—
„ Lauth, Prof.	15	—
„ Müller, négociant	5	—
„ Perier, A., à Grenoble	100	—
„ Perthes et Besser à Hambourg	5	—
M.ˡˡᵉ Pfeffel, F. à Grenoble	20	—
M.ʳ de St. Quentin à Marmouticr	10	—
Mad.ᵉ de St.-Quantin à Marmoutier	30	—
M.ʳ Redslob, D.ʳ et Prof.	10	—
Transport . . fr.	499	—

		fr.	c.
Transport . .	499	—
M.ʳ Renouard de Bussières fils .		10	—
„ Rieder, pasteur .		10	—
„ Roth, négociant		20	—
Mgr. le prince de Salm-Salm		50	—
M.ʳ Saum, L. négociant		5	—
„ Schaaff		5	—
„ Schœttel, J.		10	—
„ Schweighæusser père		15	—
„ Schweighæusser fils		10	—
„ Schweighæuser, F. négociant		10	—
„ Spielmann, pharmacien		5	—
Mad.ᵉ Spielmann, née Karth		5	—
M.ʳ Stammler, fabricant de tissus de fil de fer		10	—
„ Steinbach, pasteur		10	—
„ Stribeck, négociant		5	—
„ Weiler, avocat .		5	—
„ Weise, libraire		5	—
Total . . fr.		689	—

RÉCAPITULATION

des souscriptions recueillies pour le monument
de charité.

A Bâle, Chez MM. Legrand-Heussler et Sain . fr. 242.80		
— chez M.ʳ Spittler .	— 212.85	
	fr.	455.65
A Colmar .	—	157 —
A Nismes .	—	127.80
A Paris .	—	4086.15
A Strasbourg .	—	689 —
Total . fr.		5515.60

Nous soussignés certifions le présent compte rendu exact et véritable, à Strasbourg, le 10 Décembre 1827.

HERRENSCHNEIDER, Prof., à Strasbourg.

LEGRAND, père et fils, à Fouday.

TREUTTEL et WÜRTZ, libraires à Paris et à Strasbourg.

STRASBOURG,
de l'imprimerie de la V.ᵉ DANNBACH, rue St.ᵉ-Hélène N.º 7.